398.21
BER

CPS—MORRILL SCHOOL

Juan Bobo.

34880030038181

398.21
BER

Bernier-Grand, Carmen T.

C. 8/

Juan Bobo.

34880030038181

$12.00

DATE			

CPS—MORRILL SCHOOL
CHICAGO PUBLIC SCHOOLS
6011 S ROCKWELL STREET
CHICAGO, IL 60629
03/31/2006

BAKER & TAYLOR

Author's Note

For decades Juan Bobo, the invention of rural storytellers of Puerto Rico, has been the most popular fictional character on the island. Although some of Juan Bobo's "noodlehead" behavior also occurs in the folklore of other countries, the oldest and best-known Juan Bobo stories authentically illustrate what life was like in poor rural areas of Puerto Rico at the beginning of the twentieth century.

In retelling a few of these old tales, I have used my own voice and have tried to preserve some of the rural Puerto Rican flavor.

—CTB-G

Illustrator's Note

Over the years, artists have drawn Juan Bobo in a variety of ways. I feel privileged to have been able to interpret how I see this beloved folk character in my imagination. Juan Bobo belongs to all Puerto Ricans and, one could say, to all people, for his spirit is universal. I hope my drawings help us to see that there is a bit of Juan Bobo in all of us—and that there is a bit of all of us in Juan Bobo.

—ERN

HarperTrophy®
A Division of HarperCollinsPublishers

An I Can Read Book®

JUAN BOBO

Four Folktales from Puerto Rico

retold by Carmen T. Bernier-Grand
pictures by Ernesto Ramos Nieves

398.21
BER
C. 81
2006
$12.00

To Matthew, Juliana & Guillermo,
three *jibaritos* living in the United States,
and to Natasha who believes in Juan Bobo
—CTB-G

In gratitude to Pat Cummings, Robert Warren,
Jim Metzinger, Liz Bruce, Frances Goldin, Mildred Quinones,
Gigi Ramos, and to *my* "Mama," Fefa Nieves Colon,
who gave me life and my first art lessons
—ERN

HarperCollins®, 📖®, Harper Trophy®, and I Can Read Book®
are trademarks of HarperCollins Publishers Inc.

Juan Bobo
Four Folktales from Puerto Rico
Text copyright © 1994 by Carmen T. Bernier-Grand
Illustrations copyright © 1994 by Ernesto Ramos Nieves
Printed in the U.S.A. All rights reserved.

Library of Congress Cataloging-in-Publication Data
Bernier-Grand, Carmen T.
  Juan Bobo : four folktales from Puerto Rico / retold by Carmen T.
Bernier-Grand ; pictures by Ernesto Ramos Nieves.
      p.   cm. — (An I can read book)
  Contents: The best way to carry water — A pig in Sunday clothes —
Do not sneeze, do not scratch, do not eat — A dime a jug.
    ISBN 0-06-023389-3. — ISBN 0-06-023390-7 (lib. bdg.)
    ISBN 0-06-444185-7 (pbk.)
  1. Juan Bobo (Legendary character)—Juvenile literature. [1. Juan
Bobo (Legendary character) 2. Folklore—Puerto Rico.] I. Ramos
Nieves, Ernesto, ill.   II. Title.   III. Series.
PZ8.1.B4173Ju   1994   93-12936
398.21—dc20   CIP
[E]   AC

7   8   9   10
❖
First Harper Trophy edition, 1995.

Contents

The Best Way to Carry Water

"Juan Bobo!" Mama called.

"Yes, Mama," said Juan Bobo.

"Please bring me some water
from the stream," said Mama.

"Ay!" cried Juan Bobo.

"Do I have to?"

Mama dropped two empty buckets

outside the door.

"I need water to wash dishes,"

she said.

"Ay, Mama," said Juan Bobo.

"When those buckets are full,

they are too heavy to carry."

"Then use something else,"

said Mama,

"but bring me some water."

"Ay," said Juan Bobo.

Mama swept and dusted

the living room and the bedroom.

Then she went back into the kitchen.

"Juan Bobo, did you get me

the water?" she asked.

"Yes, Mama," said Juan Bobo.

"And guess what, Mama.

I think I am growing stronger!"

"Why?" said Mama.

"Because," said Juan Bobo,

"as I walked back from the stream,

the water felt lighter and lighter."

"That is odd," said Mama.

Then she stepped into a big puddle!

"Juan Bobo!

Is this the water you got me?"

"No, Mama!" said Juan Bobo.

"The water I got you

is in those two baskets."

A Pig in Sunday Clothes

"Juan Bobo," Mama said.

"Either you come to church with me

or you take care of the pig."

"I will take care of the pig, Mama."

13

As soon as Mama left for church,

the pig began to squeal.

"Do you want to go to church?"

Juan Bobo asked the pig.

"Oink! Oink!" the pig squealed.

"All right," said Juan Bobo.

Juan Bobo brushed the pig's teeth
with Mama's toothbrush.
Then he got Mama's new dress.
"This dress is too long,"
said Juan Bobo.
He ripped the dress in half.

He put the top half on the pig.

"Oink! Oink!" the pig squealed.

"Wait!" said Juan Bobo.

"You cannot go out like that.

You need a mantilla.

Mama always wears a mantilla

on her head to go to church."

Juan Bobo could not find a mantilla.

But he did find a hammock.

He tied the hammock

around the pig's head.

"You look very pretty," he said.

"But not pretty enough for church."

Juan Bobo put high-heeled shoes

on the pig's feet.

He put earrings on her ears,

and he powdered her face

until it was all white.

18

Then Juan Bobo dumped a bottle

of perfume over the pig.

"Now you will smell good in church."

Juan Bobo put four dimes

in a handkerchief.

He put the handkerchief

under the pig's dress.

"Mama takes money to church,"

Juan Bobo told the pig.

"You should too.

Now, go!" said Juan Bobo.

"Or you will be late."

The pig ran and ran

until she came to a puddle.

Then she stopped

and rolled in the mud.

She tore the dress.

She lost the earrings.

Her mantilla flew in the air.

21

Mama found the pig

on her way home from church.

She grabbed the squealing pig

and dragged her home.

By the time they got home,

Mama was covered with mud.

She was too angry to speak.

Juan Bobo stared at Mama.

He stared at the pig.

He scratched his head.

Then he smiled.

"Mama!" Juan Bobo said.

"I did not know

you could play with mud in church.

Next Sunday,

I want to go to church too!"

Do Not Sneeze, Do Not Scratch . . . Do Not Eat!

"Juan Bobo," said Mama,

"put on your best clothes.

We are going to visit Señora Soto."

"Who is Señora Soto?"

asked Juan Bobo.

"She is the lady I met last week.

She invited us to eat at her house.

But remember, Juan Bobo,"

Mama warned him,

"do not sneeze

and do not scratch at the table.

And," Mama added,

"when I put my foot on your foot,

stop eating."

"Why?" asked Juan Bobo.

"Because it is not good manners

to eat too much," said Mama.

"Okay, okay," said Juan Bobo.

Soon Juan Bobo and Mama were sitting

at Señora Soto's dining table.

"Rice and beans, Juan Bobo?"

asked Señora Soto.

Juan Bobo put his nose right over

the plate of rice and beans.

"Mmm! It smells good!"

thought Juan Bobo.

He took another big sniff.

But this time he sniffed up

two grains of rice into his nose.

"Ay!" thought Juan Bobo.

"I need to sneeze."

He covered his nose.

He shook his head from side to side.

The two grains of rice fell out.

The sneeze went away.

"So, you do not like

my rice and beans, eh?"

said Señora Soto.

"Juan Bobo! Manners!" said Mama.

"That is okay," said Señora Soto.

And she took the plate away.

When she returned, Señora Soto asked,

"Steak, Juan Bobo?"

"Yes, please!" Juan Bobo said.

"I have never had a steak."

Señora Soto placed a steak

on Juan Bobo's plate.

"What do you say?"

Mama asked.

"Thank you," said Juan Bobo.

"Remember your manners,"

said Mama.

"Do not touch the steak

with your hands."

Juan Bobo picked up the steak

with a big spoon.

But before he could take a bite,

the steak fell off the spoon

and onto his lap.

Juan Bobo started

to pick up the steak.

Then he remembered Mama had said,

"Do not touch the steak

with your hands."

So he put his hands

back on the table.

When Señora Soto returned,

she said, "Juan Bobo!

You ate the whole steak!

Now you can have fried bananas."

Juan Bobo forgot

all about the steak.

He loved fried bananas!

But when Señora Soto passed

the fried bananas,

a mosquito bit

Juan Bobo's neck.

"Ay, no!" Juan Bobo cried out

as he rubbed his neck

36

against the back of the chair.

"No thank you, Juan Bobo,"

Mama corrected.

"No bananas?"

Señora Soto said.

"I guess you are saving room

for ice cream."

She gave Juan Bobo ice cream.

"What do you say?"

Mama asked.

"Thank you, Señora Soto,"

said Juan Bobo.

37

But when Juan Bobo opened his mouth

to eat some ice cream,

the steak fell on his foot.

"Why is Mama putting her foot

on mine?" Juan Bobo wondered.

"I did not eat anything!"

Juan Bobo kicked.

"Mama!" he shouted.

"Take your foot off my foot!

"If good manners means no eating,

I have had enough good manners.

I am going home!"

Juan Bobo stood up so quickly,

he tipped over the table!

40

And he ran home

with a very empty stomach.

A Dime a Jug

"Juan Bobo!" Mama scolded.

"Stop tasting that sugarcane syrup,

or you are going to pay for it."

Mama put corks in the jugs.

"Go sell this syrup to the widows,"

she told Juan Bobo.

"Ask them for a dime a jug."

"Who are the widows?"

Juan Bobo asked.

"They are the ones

who will be coming

out of church soon," Mama said.

"They wear shiny black dresses

and carry fans.

They are small,

and they speak softly."

"All right," said Juan Bobo.

He grabbed the jugs and left.

On the way to church

Juan Bobo saw a handkerchief

lying in the mud.

He picked up the handkerchief.

Out popped four dimes!

"What luck!" said Juan Bobo.

He put the dimes in his pocket

and kept walking.

But when he walked around

a big mud puddle,

he took the wrong path.

After hours of walking

up one hill

and down the next,

he came to a sugar mill.

48

"That is the church!"

Juan Bobo thought.

"Syrup! Delicious syrup!" he cried.

Four flies flew out of the mill.

"Shiny black dresses!"

Juan Bobo thought.

He saw the flies' wings.

"Fans!" he thought.

The flies flew closer.

"They are small,"

Juan Bobo told himself.

He heard the flies buzz.

"And they speak softly.

They must be the widows!"

"Syrup!" Juan Bobo called.

"A dime a jug!"

But the flies just flew

around and around the jugs.

"All right," Juan Bobo said.

"I will open the jugs for you."

He pulled out the corks.

The flies flew into the jugs.

"Stop!" yelled Juan Bobo.

"Stop tasting that syrup,

or you are going to pay for it!"

But the flies did not stop.

Juan Bobo had to shake them

out of the jugs.

The flies began to fly away.

"Wait!" Juan Bobo yelled.

"You have to pay for your syrup!"

Juan Bobo started to run after them,

but he tripped and fell.

The four dimes

popped out of his pocket.

Juan Bobo saw the dimes

on the ground.

"They paid!" Juan Bobo said.

Then he remembered the jugs.

"Hey! Widows!"

Juan Bobo called.

"You forgot your syrup."

But the flies flew into the mill.

"Oh, well," Juan Bobo said.

"If they do not like syrup, I do."

He sat down and drank all the syrup.

He left the empty jugs

for the widows.

It was dark when Juan Bobo got home.

He gave Mama the four dimes.

"I sold the jugs of syrup," he said.

Mama hugged him.

"Tonight, Juan Bobo,

you can eat

as much

as you want!"

"No thank you,

Mama,"

said Juan Bobo.

"Tonight

I am

very full!"

And off

to bed

he went.

La mejor manera de cargar agua

—¡Juan Bobo! —Mamá llamó.

—Sí, Mamá —dijo Juan Bobo.

—Por favor, traéme agua del río —dijo Mamá.

—¡Ay! —lloriqueó Juan Bobo—. ¿Tengo que traérla?

Mamá dejó caer dos baldes vacíos fuera de la puerta.

—Necesito agua para lavar los platos —dijo.

—Ay, Mamá —dijo Juan Bobo—. Esos baldes pesan mucho cuando están llenos.

—Entonces usa otra cosa —dijo Mamá—, pero traéme agua.

—Ay —dijo Juan Bobo.

Mamá barrió y sacudió el polvo en la sala y el dormitorio. Entonces regresó a la cocina.

—¿Juan Bobo, me trajiste el agua? —preguntó.

—Sí, Mamá —dijo Juan Bobo—. Y adivina qué, Mamá. Yo creo que me estoy poniendo más fuerte.

—¿Por qué? —dijo Mamá.

—Porque —dijo Juan Bobo—, según yo iba caminando de regreso del río, el agua se sentía más y más liviana.

—Eso es muy extraño —dijo Mamá.

Entonces ella pisó un gran charco.

—¡Juan Bobo! ¿Es esta el agua que me trajiste?

—¡No, Mamá! —dijo Juan Bobo—. El agua que yo te traje está en esas dos canastas.

Una cerda en ropa de domingo

—Juan Bobo —Mamá dijo—. O vas a la iglesia conmigo o cuidas a la cerda.

—Cuidaré a la cerda, Mamá.

Tan pronto Mamá se fue para la iglesia, la cerda comenzó a chillar.

—¿Quieres ir a la iglesia? —Juan Bobo le preguntó a la cerda.

—¡Pru-pru! ¡Pru-pru! —la cerda chilló.

—Está bien —dijo Juan Bobo.

Juan Bobo cepilló los dientes de la cerda con el cepillo de dientes de Mamá. Después cogió el vestido nuevo de Mamá.

—Este vestido está muy largo —dijo Juan Bobo. Rasgó el vestido por la mitad. Le puso la parte de arriba a la cerda.

—¡Pru-pru! ¡Pru-pru! —la cerda chilló.

—¡Espérate! —dijo Juan Bobo—. No te puedes ir así. Necesitas una mantilla. Mamá siempre usa una mantilla en la cabeza para ir a la iglesia.

Juan Bobo no pudo encontrar una mantilla. Pero sí encontró una hamaca. Él le ató la hamaca a la cabeza.

—Te ves muy bonita —dijo—. Pero no lo bastante bonita para ir a la iglesia.

Juan Bobo le puso zapatos de tacones a las patas de la cerda. Le puso aretes a sus orejas y le empolvó la cara hasta que quedó toda blanca.

Entonces Juan Bobo vació una botella de perfume sobre la cerda.

—Ahora olerás bien en la iglesia.

Juan Bobo puso cuatro monedas de diez centavos en un pañuelo. Colocó el pañuelo debajo del vestido.

—Mamá lleva dinero a la iglesia —Juan Bobo le dijo a la cerda—. Tú también debes de llevarlo.

—¡Véte ahora! —dijo Juan Bobo—. O llegarás tarde.

La cerda corrió y corrió hasta que llegó a un charco. Entonces se detuvo y se revolvió en el lodo. Ella desgarró el vestido. Perdió los aretes. Su mantilla voló por el aire.

Mamá encontró a la cerda en su camino de regreso de la iglesia. Agarró a la cerda y la arrastró chillando a la casa.

Cuando llegaron a la casa, Mamá estaba cubierta de lodo. Ella tenía tanto coraje que no pudo hablar.

Juan Bobo clavó los ojos en Mamá. Fijó su vista en la cerda. Se rascó la cabeza y sonrió.

—¡Mamá! —Juan Bobo dijo—. Yo no sabía que se podía jugar con lodo en la iglesia. El próximo domingo, ¡yo también quiero ir a la iglesia!

¡No estornudes, no te rasques . . . no comas!

—Juan Bobo —dijo Mamá—, ponte tu mejor ropa. Vamos a visitar a la Señora Soto.

—¿Quién es la Señora Soto? —preguntó Juan Bobo.

—Es la señora que conocí la semana pasada. Nos invitó a comer a su casa. Pero acuérdate, Juan Bobo —Mamá le advirtió—, no estornudes y no te rasques en la mesa.

—Y —Mamá añadió—, cuando yo ponga mi pie sobre tu pie, deja de comer.

—¿Por qué? —preguntó Juan Bobo.

—Porque comer demasiado no es de buenos modales —dijo Mamá.

—Está bien, está bien —dijo Juan Bobo.

Al rato Juan Bobo y Mamá estaban sentados en la mesa del comedor de la Señora Soto.

—¿Arroz con habichuelas, Juan Bobo? —preguntó la Señora Soto.

Juan Bobo colocó su nariz sobre el plato de arroz con habichuelas.

—¡Mmm! ¡Huele bien! —pensó Juan Bobo.

Él volvió a olfatear, pero más fuerte. Esta vez, dos granos de arroz se le metieron por la nariz.

—¡Ay! —pensó Juan Bobo—. Necesito estornudar.

Se cubrió la nariz. Movió la cabeza de lado a lado. Los dos granos se salieron. El estornudo se ahuyentó.

—¿Así que no te gusta mi arroz con habichuelas, ah? —dijo la Señora Soto.

—¡Juan Bobo! ¡Modales! —dijo Mamá.

—Está bien —dijo la Señora Soto. Y se llevó el plato.

Cuando la Señora Soto regresó, preguntó:

—¿Filete, Juan Bobo?

—¡Sí, por favor! —Juan Bobo dijo—. Yo nunca he comido filete.

La Señora Soto puso un filete en el plato de Juan Bobo.

—¿Qué se dice? —Mamá preguntó.

—Gracias —dijo Juan Bobo.

—Recuerda tus modales —dijo Mamá—. No toques el filete con las manos.

Juan Bobo cogió el filete con una cuchara grande. Pero antes de que pudiese tomar un bocado, el filete se cayó de la cuchara a su falda. Juan Bobo fue a recoger el filete.

Entonces recordó lo que Mamá había dicho:

—No toques el filete con las manos.

Así es que él subió sus manos otra vez a la mesa.

Cuando la Señora Soto regresó, dijo:

—¡Juan Bobo! ¡Te comistes todo el filete! Ahora puedes comer tostones.

A Juan Bobo se le olvidó el filete. ¡A él le encantaban los tostones!

Pero cuando la Señora Soto pasó los tostones, un mosquito le picó el cuello de Juan Bobo.

—¡Ay, no! —Juan Bobo gritó,

frotándose el cuello con el espaldar.

—No gracias, Juan Bobo — Mamá corrigió.

—¿No quieres tostones? —la Señora Soto dijo—. Me imagino que estás esperando por el helado.

Ella le dió helado a Juan Bobo.

—¿Qué se dice? —preguntó Mamá.

—Gracias, Señora Soto —dijo Juan Bobo.

Pero cuando Juan Bobo abrió la boca para comerse el helado, el filete le cayó al pie.

—¿Por qué Mamá está poniendo su pie en el mío? —Juan Bobo se preguntó. —¡Yo no he comido nada!

Juan Bobo pateó.

—¡Mamá! —gritó—. ¡Saca tu pie de mi pie!

Si tener buenos modales quiere decir que no puedo comer, ya yo he tenido bastante buenos modales. ¡Me voy a casa!

Juan Bobo se levantó tan rápido que ¡volteó la mesa¡

Y corrió a la casa con un estómago muy vacío.

Diez centavos la jarra

—¡Juan Bobo! —Mamá riñó—.

Deja de probar el guarapo de caña o tendrás que pagar por él.

Mamá tapó con corchos las jarras.

—Ve a vender este guarapo a las viudas —ella le dijo a Juan Bobo—. Pídeles diez centavos por jarra.

—¿Quiénes son las viudas? —Juan Bobo preguntó.

—Ellas son las que están por salir pronto de la iglesia —Mamá dijo—. Ellas se visten con vestidos negros brillantes y cargan abanicos. Son pequeñas y hablan suavemente.

—Está bien —dijo Juan Bobo.

Cogió las jarras y se fue.

En el camino hacia la iglesia, Juan Bobo vió un pañuelo tirado en el lodo. Él recogió el pañuelo. ¡Del pañuelo saltaron cuatro monedas de diez centavos!

—¡Qué suerte! —dijo Juan Bobo.

Guardó las monedas en su bolsillo y siguió caminando. Pero al caminar alrededor de un lodazal, tomó el camino erróneo.

Después de estar horas caminando, subiendo una colina y bajando la próxima, se encontró con un molino de azúcar.

—¡Esa es la iglesia! —Juan Bobo pensó.

—¡Guarapo! ¡Delicioso guarapo!
—gritó.

Cuatro moscas volaron fuera del molino.

—¡Vestidos negros brillantes!
—Juan Bobo pensó.

Él vió las alas de las moscas.

—¡Abanicos! —pensó.

Las moscas volaron más cerca.

—Son pequeñas —Juan Bobo se dijo a sí mismo.

Las oyó zumbar.

—Y hablan suavemente. ¡Esas deben de ser las viudas!

—¡Guarapo! —Juan Bobo gritó—. ¡Diez centavos la jarra!

Pero las moscas sólo volaron alrededor y alrededor de las jarras.

—Está bien —Juan Bobo dijo—. Les voy a abrir las jarras.

Él sacó los corchos. Las moscas volaron al interior de las jarras.

—¡Deténganse! —gritó Juan Bobo—.

¡Dejen de probar el guarapo o tendrán que pagar por él!

Pero las moscas no se detuvieron. Juan Bobo tuvo que sacudirlas fuera de las jarras. Las moscas empezaron a volar lejos.

—¡Esperen! —Juan Bobo gritó—. ¡Ustedes tienen que pagarme por su guarapo!

Juan Bobo empezó a correr detrás de ellas pero tropezó y se cayó. Las cuatro monedas saltaron fuera de su bolsillo. Juan Bobo vió las monedas en el suelo.

—¡Pagaron! —Juan Bobo dijo.

Entonces se acordó de las jarras.

—¡Oigan! ¡Viudas! —Juan Bobo llamó—. Se les olvidó el guarapo.

Pero las moscas volaron al molino.

—Bueno —Juan Bobo dijo—. Si a ellas no les gusta el guarapo, a mí sí me gusta.

Él se sentó y se tomó todo el guarapo. Él le dejó las jarras vacías a las viudas.

Estaba oscuro cuando Juan Bobo llegó a la casa. Él le dió las cuatro monedas de diez centavos a Mamá.

—Vendí las jarras de guarapo —dijo.

Mamá lo abrazó.

—¡Esta noche, Juan Bobo, puedes comer todo lo que quieras!

—No, gracias, Mamá —dijo Juan Bobo—. Esta noche me siento muy lleno.

Y a dormir se fue.